AF453588

DESSINS ET MODÈLES

LES ARTS DU FEU

ALBUMS FORMANT LA COLLECTION

DES

DESSINS ET MODÈLES

BORDEAUX. — IMPR. G. GOUNOUILHOU, RUE GUIRAUDE, 11.
PARIS. — RUE DE RICHELIEU, 101.

DESSINS ET MODÈLES

LES ARTS DU FEU

(Céramique — Verrerie — Émaillerie)

NOTICE

PAR M. T. DE WYZEWA

Album comprenant 223 Gravures

DEUXIÈME ÉDITION

PARIS

BIBLIOTHÈQUE DE LA *GAZETTE DES BEAUX-ARTS*

J. ROUAM & Cie, éditeurs

14, RUE DU HELDER, 14

NOTICE HISTORIQUE

On est convenu d'appliquer plus spécialement la dénomination d'*Arts du feu* à trois arts industriels qui ont entre eux divers points de contact, et dans la pratique desquels le feu ou la cuisson joue un rôle prépondérant : *la Verrerie, l'Émaillerie* et *la Poterie* ou *Céramique*. Essayons de passer rapidement en revue les progrès réalisés par chacun de ces arts aux diverses époques de l'histoire. L'Orient, dont l'art s'est développé d'une façon toute spontanée, et n'a eu que peu d'influence en Europe, devra naturellement être séparé du vieux monde de l'Occident, et faire l'objet d'un chapitre spécial.

ANTIQUITÉ ÉGYPTIENNE, GRECQUE ET ROMAINE.

I. Verrerie. — L'origine du verre remonte aux temps les plus éloignés. D'après un récit de Pline l'Ancien, c'est sur la côte phénicienne que l'on aurait découvert pour la première fois, et par l'effet d'un simple hasard, la propriété qu'a le sable mélangé au nitre de donner naissance au verre, sous l'action du feu. Quoi qu'il en soit de cette légende, il est sûr que les Égyptiens faisaient un grand usage du verre, que les verreries de Thèbes, celles de Tyr et de Sidon étaient renommées dès la plus haute antiquité historique. Il nous est resté divers produits de ces époques primitives : des *colliers*, des *vases*, des *flacons*, des *amulettes,* etc. La Grèce emprunta à l'Égypte l'usage du verre; mais il ne semble pas qu'elle ait atteint, dans l'art de la verrerie, au même degré de perfection. C'est encore l'Égypte qui resta la patrie du verre à l'époque romaine, bien que d'importantes verreries aient été établies à Rome même, à Cumes, à Sorrente, dans diverses autres villes italiennes. Ajoutons enfin que, suivant Pline, la Gaule était renommée pour ses fabriques de verre.

Les objets de verre anciens sont nombreux dans les musées : les fouilles de Pompéi, notamment, ont contribué à en mettre au jour

une quantité considérable. La plupart de ces objets, malheureuse-
ment, ne sont pas très bien conservés : ils se sont plus ou moins
décomposés sous des influences atmosphériques et ont échangé leur
transparence primitive contre une teinte laiteuse et sale. Les substances employées dans les verreries antiques étaient pourtant, à peu
de chose près, les mêmes que celles de notre temps : la silice, la soude,
la chaux, l'alumine, figurent dans un verre de Pompéi comme dans
un verre moderne et avec des proportions sensiblement pareilles. Il
n'y a pas jusqu'à l'habitude d'ajouter aux substances constituantes
du cristal ou du verre pilé qui n'ait été familier aux anciens : Pline
en attribue l'invention aux Indiens. Les verres de couleur étaient
fréquents et recevaient des colorations très variées.

Comme de nos jours, les objets de verre étaient principalement
destinés à la table : *coupes, tasses, verres à boire,* etc., prenaient
diverses formes qui, pour la plupart, se retrouvent dans la verrerie
moderne, soit qu'elles aient été conservées, soit qu'on les ait reprises.
On faisait également usage d'objets de verre pour la parfumerie, pour
la pharmacie, pour les urnes funéraires, pour divers ornements de
toilette (*colliers, boucles,* etc.). On employait le verre à la fabrication
de miroirs. On a même découvert à Pompéi des vitres de verre aux
fenêtres des maisons.

Les procédés principaux étaient : le *soufflage,* qui se faisait au
moyen d'une canne; le *moulage,* avec des moules en bois ou en métal;
enfin le *coulage,* qui, ne donnant que des plaques de verre uni, était
d'un emploi beaucoup moins fréquent.

II. Céramique. — Plus ancienne que la verrerie, la poterie semble
avoir été l'une des premières industries que les hommes aient pra-
tiquées. Les époques dites préhistoriques nous présentent des pots, le
plus souvent sans anses, faits d'une terre argileuse mêlée de cailloux,
affectant la forme simple de nos pots de fleurs, et grossièrement
décorés par l'impression des doigts sur la pâte encore tendre.

L'invention du *tour à potier* permet bientôt à la céramique de
produire des formes plus régulières et plus élégantes. C'est grâce à
cet instrument que les Égyptiens, les Phéniciens, les Grecs peuvent
perfectionner leur poterie, en faire une industrie de plus en plus
artistique. Le progrès dans la fabrication amène à son tour un progrès dans la décoration; les potiers se servent de terres colorées
pour tracer sur leurs vases des dessins noirs ou rouges; plus tard
ils ajoutent aux argiles des terres colorantes; enfin, ils arrivent à
produire des poteries *lustrées,* c'est-à-dire recouvertes d'une sorte de
glaçure colorée. Les potiers grecs et romains ont excellé dans l'emploi
de ces glaçures à base de silice fusible, colorée par un oxyde métal-
lique. Est-il besoin de rappeler les chefs-d'œuvre de la céramique

grecque, qui font l'honneur de nos musées, avec l'harmonieux ensemble de leurs contours, le charme fort et délicat de leur ornementation?

En Égypte, comme en Grèce et comme en Italie, les poteries servaient aux usages les plus divers, et de la diversité des destinations résultait une extrême variété de formes et de décorations. A peine pouvons-nous citer les *briques*, les *vases mortuaires* et les *figurines* de l'ancienne Égypte; en Grèce, les vases servant : à boire (*canthares, scyphus, fioles, calices*, etc.); à contenir des parfums (*lécythus*, etc.); à contenir des boissons (*amphores, hydres*, etc.); à puiser et à verser (*cratères, kélébés, œnochœ*, etc.). Quant à la décoration, elle va depuis les ornements les plus rudimentaires jusqu'aux peintures les plus achevées de scènes naturelles, mythologiques ou allégoriques. Signalons notamment, au point de vue de la couleur et des procédés, des vases à figures noires; d'autres à figures rouges sur fond noir; d'autres sur fond d'*engobe* ou couche d'argile blanche rapportée (*lécythus blancs*, etc.); des coupes *sigillées* ou à ornements en relief; des vases à formes d'animaux et à figures modelées en relief, etc.; enfin des statuettes en terre cuite, parmi lesquelles celles de Tanagra, en Béotie, sont les plus intéressantes et les plus célèbres.

En Italie, les poteries anciennes les plus remarquables proviennent de l'Étrurie. Quelques-unes semblent échapper à toute influence étrangère; d'autres trahissent une connaissance de l'art grec. Qui n'a vu ces *vases étrusques*, ces *caisses funéraires* ou *petits sarcophages*, tous ces objets dont les formes bizarres concordent avec l'étrangeté charmante de leur décoration?

III. ÉMAILLERIE. — L'émail est une substance vitreuse, pouvant être aisément fondue, et composée de silice, d'oxyde de plomb et de soude, et d'autres matières capables de lui donner une coloration spéciale. L'émail ainsi préparé s'applique sur la terre ou sur les métaux, sous l'influence de la chaleur, et l'on a coutume d'étendre le nom d'*émail* à tout objet de métal sur lequel s'applique l'émail proprement dit.

L'antiquité employait généralement pour l'application de l'émail sur les métaux le procédé le plus simple, celui de l'*incrustation*, consistant ou bien à remplir d'émail une cavité ménagée dans le métal *(émail champlevé)*, ou bien à enserrer l'émail coloré entre des petites lames minces de métal formant divers dessins *(émail cloisonné)*.

La question de savoir si les Égyptiens ont connu l'émail semble bien être résolue en faveur de ce peuple merveilleux. Plus tard, les Étrusques ont excellé à émailler leurs bijoux. Mais c'est seulement dans la seconde moitié du moyen âge, et sous l'impulsion de l'art byzantin, que l'émaillerie a pris en Europe un développement considérable.

MOYEN AGE ET TEMPS MODERNES.

I. VERRERIE. — Sans nous arrêter aux *vases, plaques de verre*, etc., dont faisaient usage pour le service de leur culte les premiers chrétiens, non plus qu'aux objets de verre retrouvés dans les tombes mérovingiennes, saxonnes, etc., nous devons dire que, jusqu'au Xe siècle, l'art de la verrerie, sans jamais disparaître complètement, subit en Europe une décadence marquée. En revanche, dès le XIe siècle, les industries du verre reprennent un rapide développement où la France semble jouer un rôle très important. C'est vers la même époque que nous voyons apparaître à Venise les célèbres verreries qui vont, sous la protection incessante du Gouvernement, du Sénat et des Doges, faire atteindre à l'art du verre son plus haut degré de perfection.

Dès 1383, le Sénat de Venise accorde aux verriers de l'île de Murano des privilèges très étendus, en même temps qu'il s'oppose à leur émigration. Bientôt la verrerie vénitienne produit les ouvrages les plus divers; et la division du travail, qui ne manque jamais de s'opérer en pareil cas, donne naissance à des fabriques spéciales de *verroterie*, de *vitres*, de *verres*, de *lustres et glaces*, d'*émaux de verre* pour la mosaïque et la bijouterie. Dans chacun de ces genres les Vénitiens sont arrivés à une variété de formes qui rend impossible toute énumération. Au point de vue de la fabrication et de la décoration, il faut distinguer les *verres blancs transparents*, les *verres dorés et émaillés*, les *verres filigranés*, les *verres à ornements en pâte colorée*, les *verres mosaïques ou milleflori*, les *verres craquelés* dont la superficie offre des dessins irréguliers en saillie, enfin l'*aventurine*, verre jaunâtre ou noir, où se trouvent épars des cristaux : l'aventurine servait principalement à la bijouterie.

En France, l'industrie du verre ne cesse de se développer depuis le XIIe siècle. Elle produit des ustensiles de toute sorte, des *aiguières*, des *bassins*, des *flacons, bouteilles*, etc., des *hanaps*, des *plats*, des *drageoirs*, des *ampoules*, des *miroirs* et mille objets de luxe et de décoration, sans parler des *vitraux*, où la supériorité artistique et technique des maîtres français du moyen âge est universellement reconnue. Dans diverses provinces françaises sont créées des verreries dont les produits ont toujours un caractère bien original, aisément reconnaissable. Les fabriques du Poitou restent célèbres jusqu'à la Révolution pour l'excellence de leurs verres émaillés et gravés. La Lorraine et la Normandie marchent au premier rang des provinces de la France; leurs maîtres verriers ou *gentilshommes verriers,* comme ils se font gloire de se nommer [1], jouissent des privilèges les plus précieux, et ne cessent point de perfectionner leurs admirables produits. Citons, en Lorraine, les fabriques de Chatrice, de Bois-Japin, de Clermont (Meuse), existant déjà dès 1518; celles de Raon et de Saint-Quirin, celles de Bainville-aux-Miroirs, de Nancy, etc. La plupart de ces verreries produisaient surtout des *verres à vitre,* des *bouteilles* et des *miroirs.* Au XVIIIe siècle, la verrerie de Saint-Quirin prend une importance considérable; et vers le même temps la fondation de la célèbre cristallerie de Baccarat vient encore stimuler l'émulation des bons gentilshommes verriers.

En Normandie, les verreries les plus anciennes, celles de la Haye et du Bois-Mallet, datent du XIVe siècle. D'autres se fondent plus tard à Candel, à Gast, à Courval, à Belle-Vue, à Rouen, etc. Les verreries normandes se divisent en *grosses verreries,* fabriquant des vitres, et en *petites verreries,* fabriquant des verres à boire, carafes, etc. C'est en Normandie que s'est d'abord développé l'art de la *glace coulée,* dont la fabrication est devenue depuis la spécialité de la célèbre verrerie de Saint-Gobain (près de la Fère), créée en 1693.

En Allemagne, les verreries de Nuremberg sont restées longtemps célèbres pour l'ingéniosité et la richesse de leur ornementation; il convient spécialement de nommer *Albert Durer le Jeune* et la célèbre famille des *Hirschvogel,* qui, de la fin du XVe à la fin du XVIe siècle, ont porté à un haut degré de renommée la verrerie de leur pays. Plus tard, les verreries de la Bohême, sorties de débuts assez humbles, réussirent à imiter merveilleusement la finesse et la transparence du cristal de roche. Aujourd'hui, la verrerie fine de Bohême a été détrônée par le *cristal anglais,* et les fabriques bohémiennes s'adonnent surtout à la verroterie, au verre colorié et gravé, etc. Ajoutons que la verrerie de Bohême n'a jamais égalé celle de Murano par l'élégance et la richesse de ses formes.

Les verreries de la Hollande, de la Belgique, de l'Espagne ne sauraient être comparées à celles dont nous venons de faire mention; il est juste de dire pourtant que la Hollande a produit, au XVIIe et au XVIIIe siècle, divers graveurs sur verre d'un talent remarquable.

II. CÉRAMIQUE. — C'est seulement vers la fin du XIe siècle que s'est réalisé dans la poterie européenne un progrès important; encore ce progrès a-t-il surtout consisté à retrouver le secret de la *poterie vernissée,* c'est-à-dire recouverte d'un vernis vitreux et brillant, coloré par des oxydes métalliques. Ce procédé, importé d'Orient

---

1. C'est une erreur assez répandue de croire que la pratique de la verrerie ait jamais conféré la noblesse; mais une vieille tradition autorisait les nobles à devenir maîtres-verriers, sans déroger; et par la suite bon nombre de maîtres-verriers se sont dénommés *gentilshommes* qui n'étaient en droit que des roturiers.

disent les uns, inventé, suivant les autres, par un potier alsacien, ne tarda pas à être très répandu en France et en Angleterre; nous lui devons des *plats*, des *carreaux*, des *vases* assez richement décorés. Vers le milieu du xve siècle, l'invention du *grès-cérame* vint donner à la poterie une matière plus fine, sans apporter toutefois un changement bien important dans les procédés de fabrication, la décoration ni l'usage des poteries.

Un progrès d'une tout autre importance est l'importation en Italie, vers 1420, de l'*émail blanc opaque*, qui cache complètement la couleur de la terre où il s'applique et peut lui-même revêtir les tons les plus brillants et les plus variés.

Cet émail fut appliqué pour la première fois à la céramique par le sculpteur florentin *Luca della Robbia*, dont les reliefs de terre cuite émaillée sont parmi les chefs-d'œuvre de la plastique moderne. Après lui, la fabrication de poteries émaillées devint l'une des principales industries de l'Italie : les fabriques de Faenza, d'Urbin, de Chaffagiolo, de Castel Durante nous ont laissé des *majoliques* ou *faïences* d'une élégance de formes, d'une richesse de coloris et d'une variété incomparables. En France, *Bernard Palissy*, dans son héroïque effort à trouver le secret des faïences italiennes, aboutit à créer un procédé nouveau; mais ses ouvrages, ceux de ses successeurs, ceux aussi de la fabrique d'Oiron ou de Saint-Porchaire en Touraine *(faïences de Henri II)*, sont plus intéressants par l'originalité charmante de leur décoration que par la valeur même de la fabrication. C'est seulement au xviie siècle que le Savoyard *Conrade* fonde à Nevers une fabrique vraiment importante de faïences à émail blanc. A Nevers se viennent plus tard opposer deux autres villes : Rouen et Moustiers; et ces trois centres de fabrication ne tardent pas à exercer leur influence dans l'Europe entière. Les faïences de Nevers, de Rouen, de Moustiers, décorées *au grand feu* sur *émail cru*, se font remarquer surtout par leur étonnant mélange de solidité et de souplesse. Plus tard, diverses fabriques, notamment celle de Strasbourg, emploient de préférence un procédé consistant à peindre sur l'*émail* déjà *cuit* avec des couleurs contenant un *fondant* qui permet de les fixer sans faire fondre l'émail.

Au dehors de la France, la fabrication de la faïence trouve des centres importants : à Nuremberg, en Allemagne; à Delft, en Hollande (imitation de porcelaines orientales); à Bruxelles et à Liège, en Belgique; à Alcora et à Séville, en Espagne, etc.

Un nouveau progrès se fait dans la céramique au xviiie siècle, par l'invention en Europe de la *porcelaine*. Les porcelaines de l'Orient, notamment de la Chine, étaient depuis longtemps connues et admirées en Europe; mais c'est seulement en 1709 qu'un hasard fit découvrir à Meissen, en Saxe, une couche de *kaolin* ou *d'argile à porcelaine* (substance terreuse et friable, formée d'alumine et de silice), et que la découverte de cette précieuse matière donna naissance à une production sérieuse de porcelaine en Europe. Vers le même temps, la céramique française suppléait au kaolin par une composition chimique particulière, et opposait à la *porcelaine dure* ou *chinoise* une *porcelaine tendre* ou *française,* à base de sels, de silice et de soude. Cette porcelaine française a été découverte dans les dernières années du xviie siècle par un faïencier de Rouen, *Louis Poterat.* Bientôt une fabrique de porcelaine française est créée à Saint-Cloud; ses produits imitent le plus souvent les décorations orientales. D'autres manufactures s'établissent pendant les premières années du xviiie siècle, à Lille, à Chantilly, à Sceaux, enfin à Vincennes : cette dernière fut transportée à Sèvres en 1753 et rachetée par Louis XV en 1756.

En Allemagne, la fabrication de *porcelaine de kaolin* se répand sans cesse : à côté de Meissen, qui reste la capitale de la porcelaine de *Saxe,* se fondent les fabriques de Frankenthal, de Fulda, de Furstemberg, d'Anspach, de Berlin. En Hollande, c'est La Haye, Amsterdam, Arnheim; en Russie, Moscou et Saint-Pétersbourg, etc.

En 1766, des gisements de *kaolin* sont découverts en France, à Alençon, puis ailleurs. Sèvres modifie ses procédés de fabrication, et les fabriques de porcelaine acquièrent un développement extraordinaire. C'est alors que la poterie française abandonne enfin la décoration pseudo-orientale et les vieux sujets de la faïence italienne pour inaugurer les délicieux ornements si caractéristiques du goût du xviiie siècle.

Les progrès de la porcelaine n'ont eu rien à souffrir de l'expansion donnée en Europe depuis un siècle à la *faïence fine,* découverte en Angleterre en 1710 et perfectionnée par le grand céramiste Wedgwood. Cette faïence, aujourd'hui si commune, est une poterie à pâte blanche opaque, formée d'argile et de cailloux broyés, et à vernis transparent.

III. ÉMAILLERIE. — Pendant la première partie du moyen âge, l'art de l'émail appartint presque exclusivement aux orfèvres byzantins, qui lui donnèrent, vers le xe siècle, un éclat admirable et qui continuèrent, deux siècles encore, à en approvisionner l'Europe. On connaît les beaux émaux byzantins à demi transparents, avec la variété de leur coloris et le ton si vrai de leurs carnations : à cette catégorie d'émaux cloisonnés appartiennent la *Couronne de fer* (en or) de Monza, le *Reliquaire de la Vraie Croix* de Limbourg, la *Couronne de Saint-Étienne* à Buda-Pesth, enfin le célèbre *Retable* en or du maître-autel de Saint-Marc, à Venise. C'est par l'Allemagne et sous l'influence des artistes grecs que, vers le xe siècle, l'émaillerie s'introduisit une seconde fois en Europe. Les premiers émaux de fabrication allemande sont les *croix d'or* d'Essen, l'*autel* de Bâle (au Musée de Cluny), la *Châsse de Charlemagne* à Aix-la-

Chapelle, etc. Plus tard, les orfèvres allemands substituèrent le cuivre à l'or, ce qui accrut encore l'importance de l'émail proprement dit : ils remplacèrent le *cloisonnage mobile* par un *cloisonnage fixe* établi dans le métal lui-même. Enfin, l'émaillerie allemande abandonna le cloisonnage pour le procédé plus commode du *champlevé*. Tantôt les figures creusées dans le métal étaient entièrement émaillées, tantôt le fond et les accessoires seuls recevaient l'émail. En Allemagne, Cologne fut d'abord le centre de cette émaillerie primitive : plus tard, elle trouva une rivale dans Verdun, qui eut la gloire de produire l'émailleur *Nicolas*, l'auteur du célèbre *retable* de Klosterneubourg, près de Vienne (1181).

En France, c'est l'école de Limoges qui, dès le xiiie siècle, a été le grand centre de la fabrication de l'émail : on a pris dès ce temps la coutume de décorer les pièces d'orfèvrerie d'émaux incrustés. Les *reliquaires* ou *châsses*, les *crosses d'évêques*, les *chandeliers d'autel*, *bassins*, etc., sont parmi les produits les plus remarquables de l'ancienne émaillerie limousine. Les figures en relief deviennent de plus en plus rares; seules les têtes, fondues après coup, font saillie. La décoration des fonds est des plus simples.

A l'*émail cloisonné* l'orfèvrerie italienne substitue les *émaux translucides*, véritable peinture appliquée à la sculpture. L'artiste, après avoir gravé son dessin sur la plaque de métal, y passait une couche d'émail en poudre qui, fondant au feu, recouvrait la gravure d'un vernis coloré. C'est vers la fin du xiiie siècle que fut créé ce nouveau mode d'émail, qui compte parmi ses maîtres les plus célèbres au xive siècle *Ognabene* et *Ugolino de Sienne*, au xve *Tommaso Finiguera* et *Antonio del Pollajuolo*. D'Italie, le procédé passa en France, en Allemagne et dans les Pays-Bas.

Au xvie siècle, les émailleurs français, pour résister à la concurrence de l'émail translucide, imaginèrent un nouveau procédé : ils posèrent des émaux transparents sur des feuilles d'or et d'argent qui se trouvèrent ainsi remplacer la gravure dans le métal. C'est à ce genre de l'*émail peint* que l'émaillerie doit les petits triptyques, portraits, etc., qui ont immortalisé les noms de Léonard et de Jean *Penicaud* de Limoges. Après eux, les émailleurs limousins adoptent un *émail en grisaille*. Le procédé, fort simple, consiste le plus souvent à *enlever* des lignes ou des hachures sur la première couche d'émail, que l'on recouvre ensuite d'un glacé d'émail blanc, des rehaussements d'or complétant la peinture. Jean II, Jean III et Pierre *Penicaud*, les *Raymond*, les *Nouailher*, les *Court*, les *Landin*, mais surtout les *Limosin*, Léonard (1506-1576), Martin et Léonard II, furent les maîtres de l'émail pendant toute la durée du xvie siècle. Rien n'égale la variété, l'élégance, l'habileté de leurs peintures, qui sont quelque chose comme les vitraux de la Renaissance : un mode de peinture *sui generis,* comportant tous les sujets et toutes les formes.

Au xvIIᵉ siècle, la peinture sur émail, renouvelée dans quelques-uns de ses procédés par *Jean Toutin* de Blois, a été brillamment cultivée par les deux *Jean Petitot* de Genève, le père et le fils, auteurs notamment de remarquables portraits; il faut encore citer *Madeleine le Brun, J.-B. Macé, Élisabeth Chéron;* au xvIIIᵉ siècle, *Liotard, Mathieu, Durand,* l'Anglais *Zincke,* etc. Ce sont des peintres, rien de plus, et l'émail est pour eux un genre, comme pour d'autres l'aquarelle ou le pastel.

Benvenuto Cellini en Italie, les *Jamnitzer* de Nuremberg en Allemagne ont produit, au xvIᵉ siècle, des pièces d'orfèvrerie émaillée justement célèbres. En Angleterre, il faut mentionner l'importante manufacture d'émaux de Battersea, fondée, en 1754, par le Français Janssen.

Au xIxᵉ siècle l'émail semblait définitivement déchu, lorsque nous avons vu, dans ces dernières années, des artistes remarquables s'attacher à faire revivre successivement chacune de ses formes.

L'ORIENT.

I. VERRERIE. — Dès le vIᵉ siècle de l'ère chrétienne les verreries persanes produisaient des objets d'un fini et d'une perfection remarquables. La *coupe de Chosroès* (à la Bibliothèque nationale) nous fournit un modèle de ces admirables verroteries. Plus tard, les verreries arabes s'acquirent une renommée universelle : celles d'Alep et de Damas répandirent leurs produits dans toute l'Europe, jusqu'à la fin du xvᵉ siècle. En outre de leurs lampes, aujourd'hui encore si justement appréciées, les verriers orientaux du moyen âge ont excellé dans la fabrication des ustensiles les plus divers : ils y ont mis un sentiment d'élégance et de justesse artistiques que nos verriers européens n'ont guère surpassé.

De nos jours, la Chine a envoyé en Europe divers objets de verrerie, notamment des sortes de petits flacons faisant office de tabatières. L'industrie du verre, dans ce pays, semble d'ailleurs remonter à une antiquité très haute, et avoir reçu d'importants développements. On sait en outre que, depuis le premier siècle avant notre ère, les Chinois avaient des fabriques de *lieou-li,* sorte d'émail transparent d'une couleur bleu foncé.

II. CÉRAMIQUE. — Tout autre est l'importance de la poterie orientale, notamment des produits céramiques de la Chine et du Japon. C'est de ces pays que nous est venue la première notion de la *porcelaine :* c'est d'eux aujourd'hui que divers perfectionnements des plus précieux sont arrivés à notre industrie occidentale. L'invention de la poterie chinoise remonterait, suivant les légendes, à 2690 avant J.-C., et l'invention de la porcelaine de *kaolin* à 200 avant J.-C. Mais c'est surtout depuis le XVᵉ siècle que la porcelaine chinoise a pris un mouvement de progrès qui ne s'est ralenti que dans ces derniers temps. On connaît la variété infinie des formes des vases chinois, leur légèreté, leur élégance, leur haute valeur artistique. Porcelaines *blanches,* ou *à couvertes colorées,* ou *décorées sous couverte,* ou *à fonds craquelés,* ou *réticulées avec décors gravés et découpés à jour,* autant de genres où les Chinois ont produit d'incomparables merveilles. Mais c'est surtout dans la porcelaine à *décoration polychrome sur couverte* qu'ils nous ont fait voir des chefs-d'œuvre de facture et de coloris. Au Japon, la céramique ne s'est développée que vers le XVIᵉ siècle, et sous l'influence de la Chine. Les porcelaines d'Arita, d'Hizen, de Koutani et d'Imari ne diffèrent des porcelaines chinoises que par une variété plus étonnante encore de formes et de décorations. Aujourd'hui, le Japon produit surtout des vases de *grès* et de *faïence* (fabriques de Kioto, Satzuma, etc.). Citons encore les porcelaines recouvertes de *laque,* et les porcelaines à *émail cloisonné,* deux genres tout modernes où l'habileté des Japonais s'est donné libre jeu.

III. ÉMAILLERIE. — Les Chinois semblent avoir connu l'art de l'émaillerie presque en même temps que celui de la porcelaine : ils y ont mis la même adresse surprenante, les mêmes qualités d'élégance et de variété. Leurs émaux cloisonnés, champlevés, leurs *émaux-porcelaines,* ou émaux peints, sont à la hauteur de leurs poteries les plus parfaites. Les Japonais ont également pratiqué l'art de l'émail; mais leurs émaux cloisonnés (dont le chef-d'œuvre en Europe est une fontaine du Musée Vert à Dresde) ne souffrent pas la comparaison avec les cloisonnés chinois : leurs émaux translucides sur fonds d'or sont en revanche des plus remarquables.

Il nous paraît impossible de terminer ce rapide résumé sans mentionner divers ouvrages excellents, qui nous ont sans cesse servi au cours de notre travail, et qui sont indispensables pour une étude plus approfondie de l'histoire et de la technique des Arts du Feu : la *Verrerie et l'Émaillerie,* de M. Édouard Garnier (1 vol., chez Mame, 1886); l'*Histoire de la Céramique,* du même auteur (1 vol., chez Mame, 1882), et trois volumes de la BIBLIOTHÈQUE DE L'ENSEIGNEMENT DES BEAUX-ARTS : l'*Art Japonais,* par M. Gonse; l'*Art Chinois,* par M. Paléologue; la *Verrerie,* par M. Gespach (Quantin, éditeur).

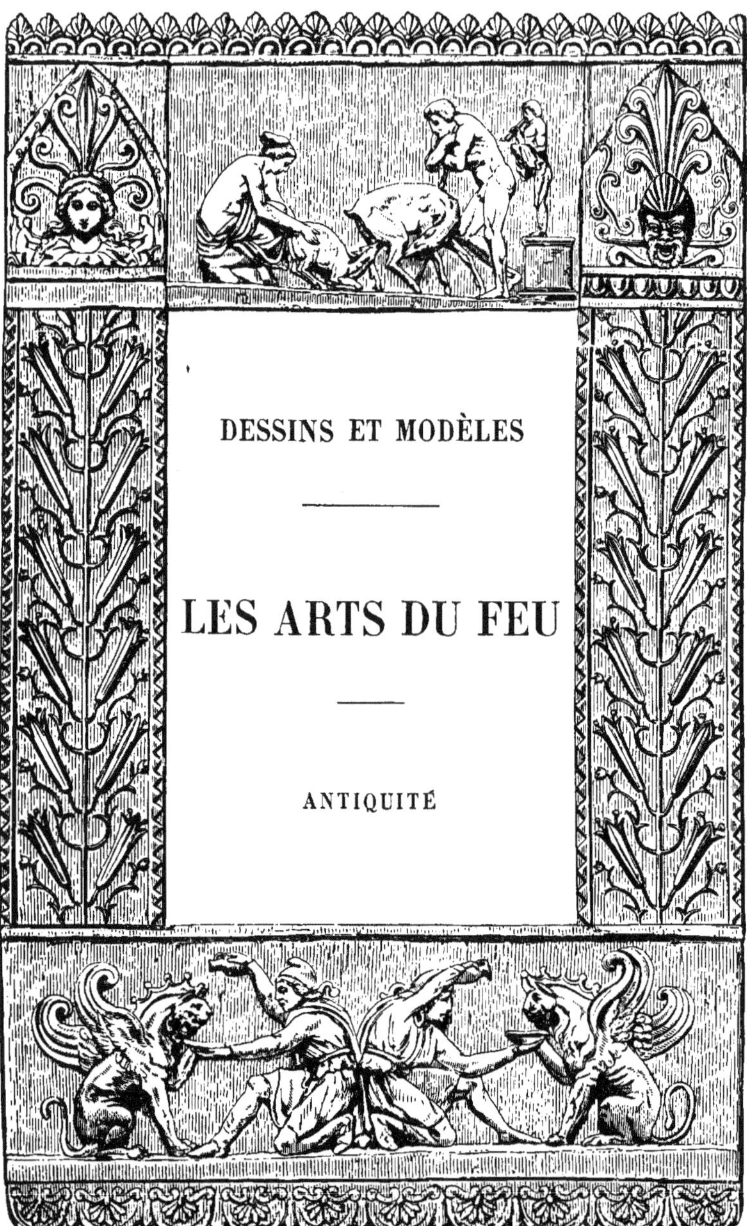

ENCADREMENT
(D'après des terres cuites tirées de la collection Campana.)

LE VASE DE CUMES.

(Musée de Saint-Pétersbourg.)

KÉLÉBÉ. (Musée de Sèvres.)

POTERIE ÉTRUSQUE DE PATE NOIRE.   VASE ÉTRUSQUE DE LA DÉCADENCE.   VERRE ANTIQUE.

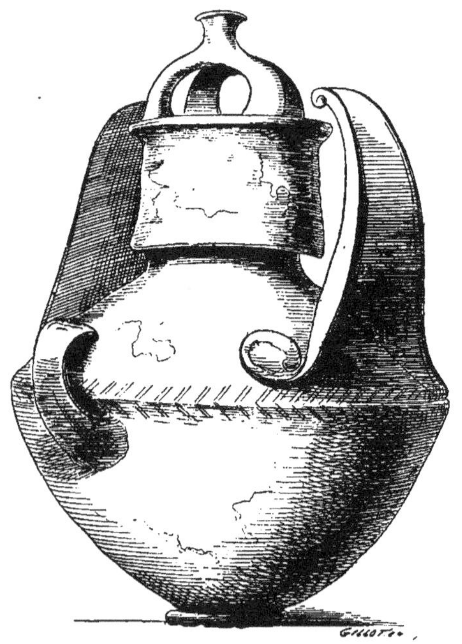

VASE TROUVÉ DANS LES RUINES D'UNE HABITATION ROYALE DE LA TROADE.

VASE PRIMITIF D'IALYSOS.

AMPHORE ÉTRUSQUE. (Musée Fol.)

VASE DES BACCHANTES.

(Musée de Naples.)

AMPHORE A ANSES PLATES

VASE DE STYLE PRIMITIF.

VASE ANTIQUE DE STYLE ORIENTAL.

AMPHORE DE NICOSTHÈNES.

EXPOSITION FUNÈBRE A ATHÈNES; TERRE CUITE.

(Musée du Louvre.)

VASE ANTIQUE ORNÉ DE ZONES D'ANIMAUX.

VASE PRIMITIF D'IALYSOS.

VERRE ANTIQUE.

VASE DE MACRON ET HIÉRON.

HYDRIE DE TIMAGORAS. (Musée Campana.)

HYDRIE DE STYLE CORINTHIEN.

PEINTURE DE VASE ANTIQUE.

COUPE D'ARCÉSILAS. (Bibliothèque nationale.)

PEINTURE DE VASE ANTIQUE.

COUPE DE POLYPHÈME. (Bibliothèque nationale.)

VASE CORINTHIEN REPRÉSENTANT LA FAMILLE DE PRIAM

(Collection Campana.)

COUPE EN VERRE ANTIQUE.

Collection de M. Édouard André.)

DESSIN EMPRUNTÉ A UN VASE GREC.

AMPHORE TROUVÉE A CUMES.

AMPHORE TROUVÉE A NOLA.

LÉCYTHUS ATHÉNIEN.

CADRE D'UN AUTEL PORTATIF EN CRISTAL DE ROCHE ÉMAILLÉ.

(Travail florentin du XVIᵉ siècle.)

BIBERON.

(Faïence de Saint-Porchaire, dite d'Oiron, dite de Henri II.)

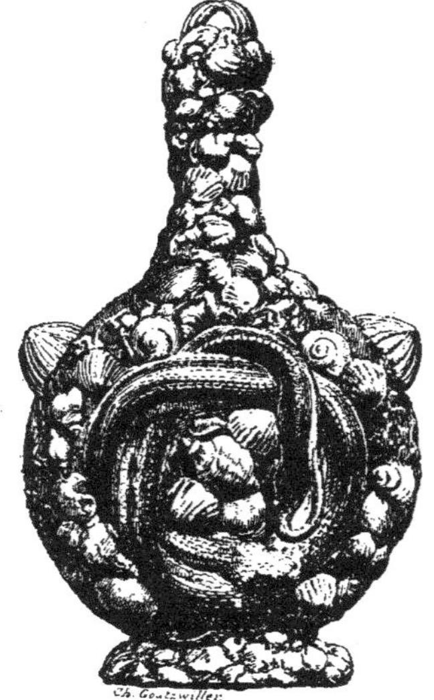

GOURDE DE CHASSE.

Céramique française. — Collection Spitzer.)

CRUCHE EN GRÈS DE COLOGNE.

(Figures en relief, ornements bleus. — Collection Spitzer.)

CANETTE DÉCORÉE EN CAMAÏEU BLEU DATÉE DE 1678.

(Collection J.-F. Loudon.)

COUPE. FAÏENCE DE SAINT-PORCHAIRE, DITE DE HENRI II.
(Musée du Louvre.)

VASE A ÉLECTUAIRE ITALIEN, XVIᵉ SIÈCLE.
(Poterie vernissée, gravée sur engobe.

COUPE DE GUBBIO AVEC SON CADRE ANCIEN. (Collection de M. Eugène Piot.)

COUPE PLATE EN FAÏENCE DE SAINT-PORCHAIRE.

PIED DE LA COUPE CI-DESSUS.

PLATEAU D'AIGUIÈRE DE BERNARD PALISSY.

SALIÈRE EN FAÏENCE FINE DE SAINT-PORCHAIRE, DITE D'OIRON

PLAT DE CHAFFAGIOLO. (Collection de M. Bazilewski.)

VASE D'URBINO. (Collection Dutuil).

GRAND PLAT DE CHAFFAGIOLO. (Collection Dutuil.)

MODÈLE DE VASE TIRÉ DU « SONGE DE POLIPHILE ».

PLAT A RELIEFS DE DERUTA. (Collection Campana.)

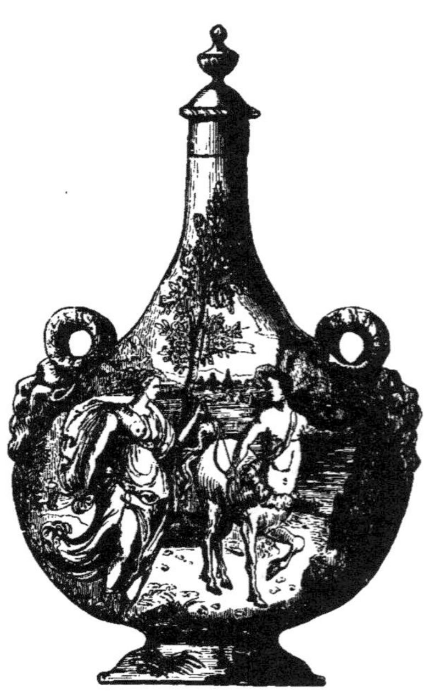

OURDE EN FAÏENCE D'URBINO.

PLAT D'URBINO. (Collection Spitzer.)

PLAT DE L'ASTROLOGUE, D'APRÈS CAMPAGNOLA.

(Fabriques de Gubbio et d'Urbino. — Collection Spitzer.)

LIÈRE EN FORME DE NACELLE, FAÏENCE D'URBINO.
(Collection Spitzer.)

PLAT DE FAENZA.
(Collection Spitzer.)

VASE DE FERRARE.

(Musée de Modène.

COUPE DE CHAFFAGIOLO AUX ARMES DES MÉDICIS.

(Collection de M. Bazilewski.)

AIGUIÈRE; MAJOLIQUE ITALIENNE.

PLAT DE L'ÉCOLE OMBRIENNE.

(Collection de M. le baron G. de Rothschild.)

PETIT PLAT DE FAENZA. Collection Spitzer.

GRAND PLAT DE JUDITH; FABRIQUE DE GHAFFAGIOLO. (Collection Spitzer.)

GOURDE EN FAÏENCE ITALO-NIVERNAISE. (Collection de M. Georges Martin.)

ASSIETTE EN FAÏENCE DE MOUSTIERS, A DÉCOR ITALIEN. (Collection de M. A. Pannier.)

GRAND VASE D'URBINO

(Collection Spitzer.)

GRAND VASE EN FAÏENCE DE RHODES.

(Collection du roi d'Italie.)

VASE EN FORME DE RHYTON, DE MAESTRO GIORGIO.

VASE DE FAÏENCE ESPAGNOLE.

BUIRE DE FERRARE.
(Collection de M. le baron A. de Rothschild.)

PLAT DE CHAFFAGIOLO; TRIOMPHE DE LA RENOMMÉE. (South Kensington Museum).

AIGUIÈRE; MAJOLIQUE DE GUBBIO. (Musée Correr, à Venise.)

GRAND PLAT D'URBINO. (Collection Spitzer.)

AIGUIÈRE D'URBINO. (Collection de M. A. de Rothschild.)

GOURDE D'URBINO. —(Collection Spitzer.)

VASE ITALO-NIVERNAIS.

MADONE EN ÉMAIL BLANC, AVEC ENCADREMENT DE BOIS DORÉ, PAR LUCCA DELLA ROBBIA.

(Collection de M. Gavet.)

GRAND BASSIN EN ÉMAIL POLYCHROME, PAR BERNARD PALISSY. (Collection Spitzer.)

AIGUIÈRE EN ÉMAIL PEINT. (Collection de M. Beurdeley.)

AIGUIÈRE ÉMAILLÉE, PAR JEAN PÉNICAUD.

GRAND PLATEAU EN GRISAILLE, PAR PIERRE REYMOND.
(Collection Spitzer.)

PLATEAU D'AIGUIÈRE EN ÉMAIL PEINT, SIGNÉ : C. (Collection de M. Beurdeley.

COUVERCLE D'UNE COUPE ÉMAILLÉE DE MARIE STUART.

(Émail exécuté en 1556, par Jehan Court, dit Vigier.)

AIGUIÈRE EN GRISAILLE, PAR PIERRE REYMOND.

(Collection Spitzer.)

RETABLE EN ÉMAIL PEINT, PAR LÉONARD LIMOSIN (1543). (Collection de M. Beurdeley.)

DÉCOR D'UNE POTERIE DE MARSEILLE ATTRIBUÉE A HONORÉ SAVY. — XVIIIᵉ SIÈCLE.

POÊLE EN FAÏENCE DE MARSEILLE.

DÉCOR D'UN MODÈLE DE CHAISE A PORTEURS, DE LA FABRIQUE DE MOUSTIERS. — 1re MOITIÉ DU XVIIIe SIÈCLE.

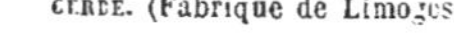

CIRDE. (Fabrique de Limoges.)

DESSUS DE CHAISE A PORTEURS DE LA FABRIQUE DE MOUSTIERS. — 1re MOITIÉ DU XVIIIe SIÈCLE.

FONTAINE EN FAÏENCE DE RENNES.

DÉCOR DU BASSIN DE LA FONTAINE EN FAÏENCE DE RENNES (page 62).

SOUPIÈRE EN FAÏENCE DE RENNES.

VASE POUR LE SUCRE EN POUDRE.

(Fabrique de Moustiers. — 1re moitié du XVIIIe siècle.)

CAFETIÈRE DÉCORÉE EN CAMAÏEU ROSE. (Faïence d'Arnheim. — Collection Evenepoel.)

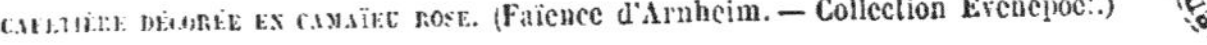

MAGOT EN PORCELAINE DE CHANTILLY. (Collection de Mlle de Lesterps.)

PLAQUE DÉCORÉE EN CAMAÏEU BLEU, FAÏENCE D'ARNHEIM. (Collection Evenepoel.)

PLAT A GROTESQUES EN FAÏENCE DE SINCENY. (Collection de M. Maillet du Boullay.)

CAFETIÈRE DÉCORÉE EN CAMAÏEU BLEU. (Faïence d'Arnheim.)

AIGUIÈRE ET PLATEAU DÉCORÉS EN CAMAÏEU BLEU. (Faïence d'Arnheim. — Collection Evenepoel.)

VIOLON DE FAÏENCE.
(Collection de M. Evenepoel.)

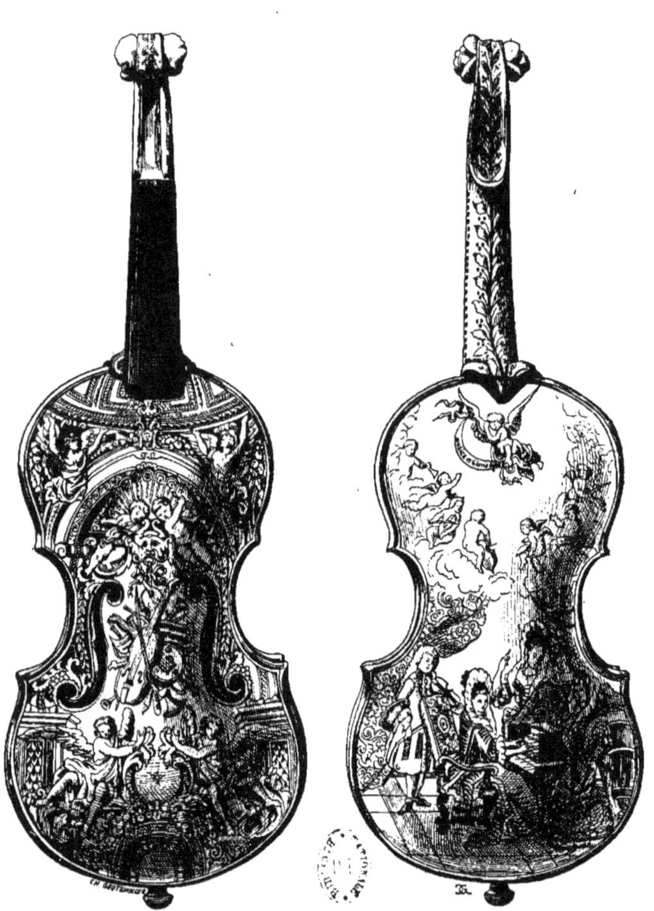

VIOLON DE FAÏENCE.
Musée céramique de Rouen.)

REVÊTEMENT EN PORCELAINE DU BUEN RETIRO.

(Palais de Madrid.)

GROUPE EN PORCELAINE DU BUEN RETIRO.

(Palais de Madrid.)

AIGUIÈRE DE PHARMACIE.

(Faïence de Niderviller.

PLAT DE ROUEN A DÉCOR BLEU SUR FOND D'OCRE.

(Collection de M. Gaston Le Breton.)

VASE EN FAÏENCE DE SAINT-CLOUD. (Pharmacie centrale des hôpitaux, à Paris.)

ASSIETTE EN FAÏENCE DE ROUEN. (Collection de M. A. de Bellegarde.)

GRAND VASE EN FAÏENCE DE LILLE.

(Pharmacie centrale des hôpitaux, à Paris.)

VASE EN PORCELAINE DE VINCENNES, FOND BLEU.

(Collection de M. le baron G. de Rothschild.)

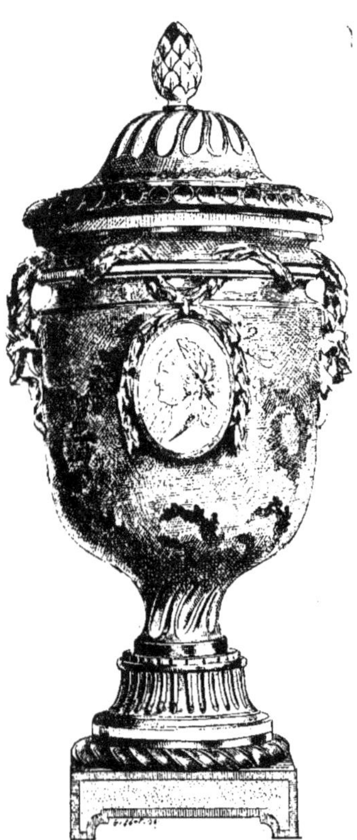

VASE EN PORCELAINE DE VINCENNES, FOND VERT.

(Collection de M. le baron Sellière.)

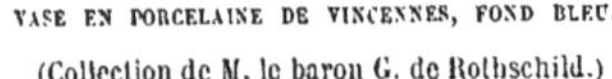

VASE DE PHARMACIE, FAÏENCE DE NIDERVILLER.

JARDINIÈRE EN VIEUX SÈVRES (1760), FOND BLEU TURQUOISE.

(Collection de M. Édouard André.)

SOUPIÈRE ET SON PLATEAU, PATE TENDRE DE SÈVRES (1761).

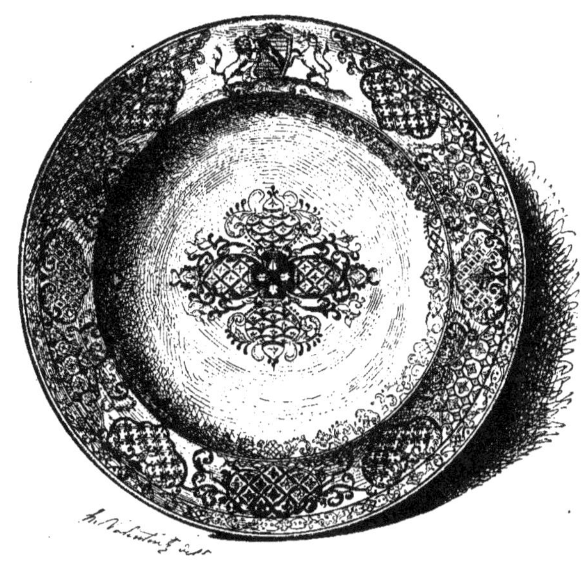

ASSIETTE EN PORCELAINE DE LA COMPAGNIE DES INDES, A DÉCOR RAYONNANT, STYLE ROUENNAIS.

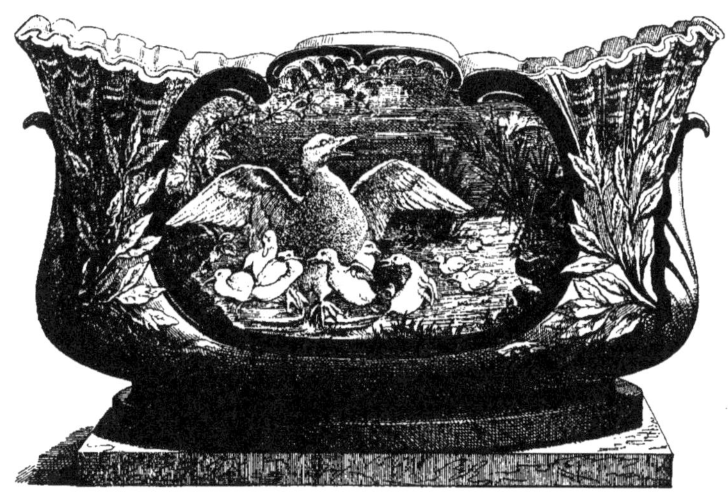

JARDINIÈRE AVEC PATES D'APPLICATION. (Sèvres.)

ASSIETTE DE ROUEN A FONDS NIELLÉS.

(Musée de Rouen.

VASE DE SÈVRES A FOND BLEU, STYLE LOUIS XVI. (Collection de M. Édouard André.)

PLAT DE FAÏENCE DE LIMOGES.

VASE-VAISSEAU A MAT, DE SÈVRES. (Collection du marquis d'Hertford.)

VASE DIT DE FONTENOY, PORCELAINE DE VINCENNES.

(Collection Double.)

ENCRIER DE MARIE LECZINSKA, PORCELAINE DE SÈVRES.

(Collection du marquis d'Hertford.)

PLAT DE ROUEN A DÉCOR JAUNE SUR FOND VIOLET.

(Collection de M. Maillet du Boullay.)

VASE EN FAÏENCE DE SAINT-CLOUD.

(Pharmacie de l'hôpital de Versailles.)

VASE EN FAÏENCE DE SINCENY, DÉCOR POLYCHROME.

(Pharmacie centrale des hôpitaux, à Paris.)

AIGUIÈRE EN CASQUE, FAÏENCE DE ROUEN.

VASE POUR LE SUCRE EN POUDRE, DE ROUEN.

VASE EN FAÏENCE AUX ARMES DE LA FAMILLE DE NECKER. (Fabrique de Thory, à Paris.)

CH. GOUTZWILLER

PLAT DE ROUEN AUX ARMES DE SAINT-SIMON. (Collection Dutuit.)

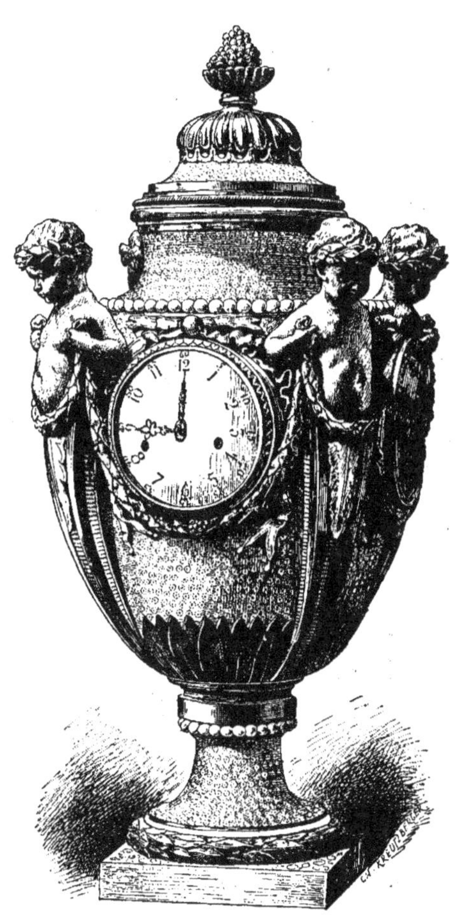

PENDULE EN VIEUX SÈVRES, FOND ROSE.

(Collection de M. Aug. Sichel.)

GRAND VASE EN PORCELAINE DE SÈVRES; STYLE LOUIS XVI.
(Collection de M. Beurdeley.)

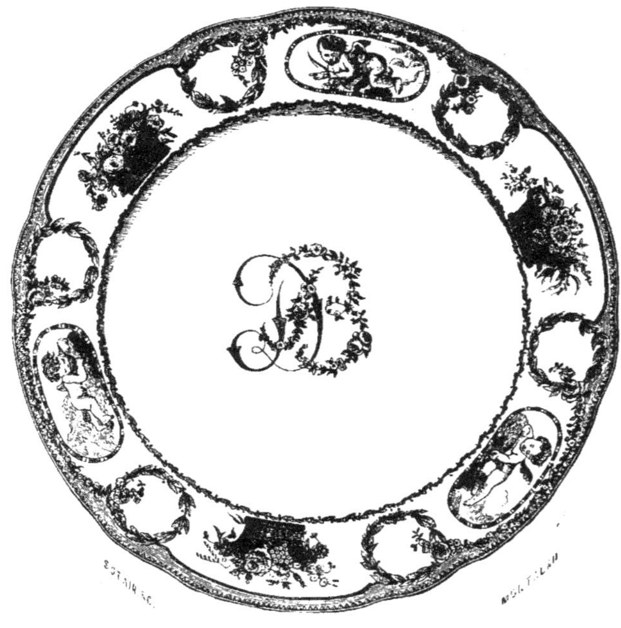

ASSIETTE DE SÈVRES DÉCORÉE PAR LE BEL JEUNE.

VASE DE L'AGRICULTURE, PAR KLAGMAN; SÈVRES.

VASE MILIEU; PORCELAINE DE SÈVRES.

(Collection du marquis d'Hertford.)

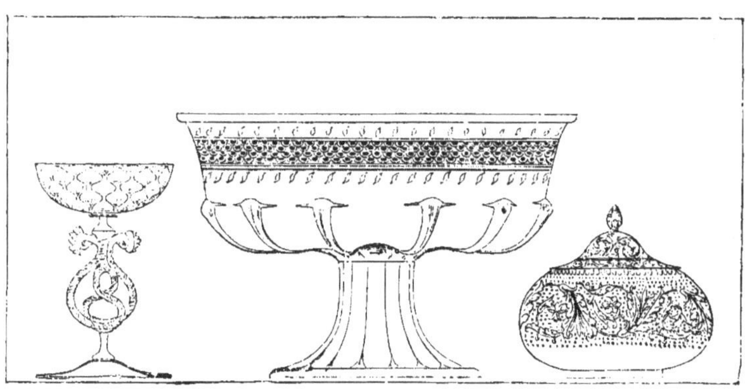

VERRES DE MURANO.

COFFRET EN CRISTAL DE ROCHE, PAR VALERIO BELLI, DIT LE VICENTINO.

(Cabinet des gemmes de Florence.)

VERRES DE MURANO.

CORNET ET VERRE A PIED EN CRISTAL DE ROCHE. (Travail italien du XVe siècle.

PANNEAU D'ORNEMENT DU CHATEAU D'ÉCOUEN, EN VERRE PEINT.

(Musée de Cluny.)

COUPE EN CRISTAL DE ROCHE AVEC COUVERCLE EN ÉMAIL.

(Cabinet de Florence.)

BOITE DE MIROIR EN CRISTAL ÉMAILLÉ.

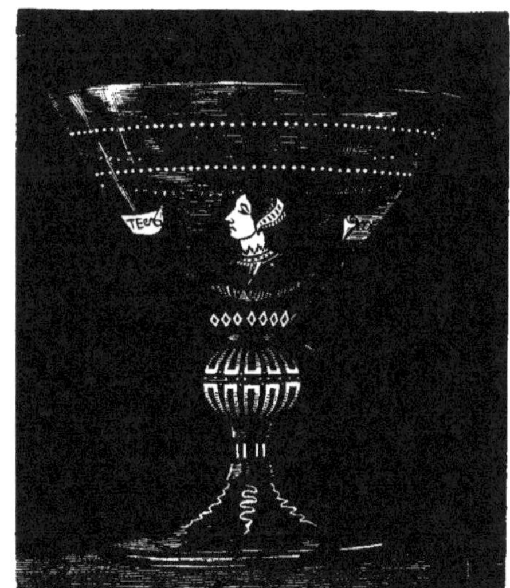

VERRE DE FABRICATION FRANÇAISE, XVIe SIÈCLE.

13

POT EN FORME D'AIGUIÈRE, CRISTAL DE ROCHE. (Collection de Marie-Antoinette. — Musée du Louvre.)

VERRERIES NORMANDES. (Collection de M. Gaston Lebreton.)

AIGUIÈRE EN CRISTAL DE ROCHE, AVEC MONTURE EN OR ÉMAILLÉ.

(Reproduction de la Coupe du Louvre, par M. Duron.)

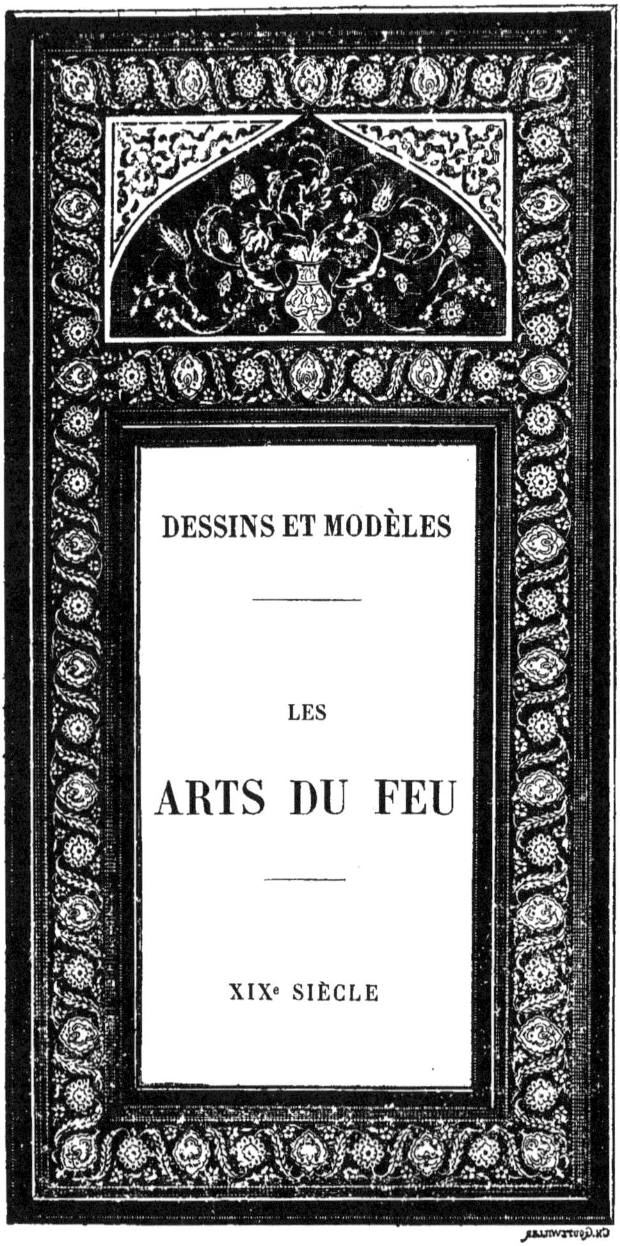

DESSINS ET MODÈLES

LES

ARTS DU FEU

XIXe SIÈCLE

CADRE DE GLACE, PAR M. PARVILLÉE.

PLAT EN GRÈS, PAR M. CAZIN.

VASE A DÉCOR JAPONAIS, PAR M. COLLINOT.   VASE A FOND BLEU, PAR M. COLLINOT.

VASE DE JOUHANNEAUD ET DUBOIS, DE LIMOGES. (Porcelaine.)

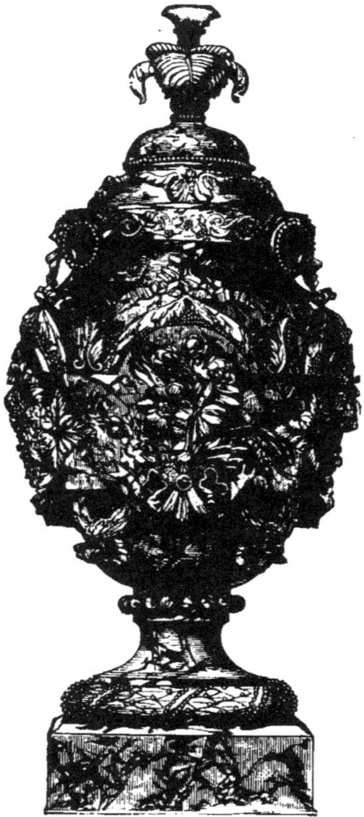

VASE EN BRÈCHE, PAR M. VIOT.

VASE DE NIMES, PAR M. ÉMILE PELET.

(Décoration bleu sous couverte et camaïeu jaune, oiseaux sur paillons.)

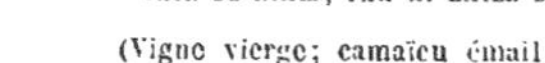

VASE DE NIMES, PAR M. ÉMILE BELET.

(Vigne vierge; camaïeu émail rubis.)

PLAT, PAR M. PARVILLÉE.

POTICHE, PAR M. HENRI LAMBERT.

VASE, PAR M. PARVILLÉE.

PLAT EN GRÈS, PAR M. CAZIN.

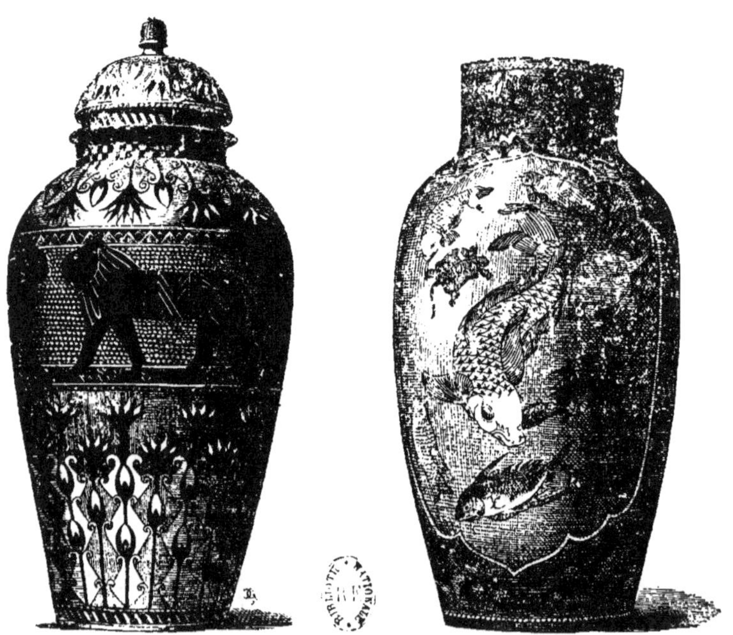

VASES, PAR M. BOUVIER.

JARDINIÈRE EN FAÏENCE DE MINTON.

VASE DE SÈVRES.

L'AUTOMNE, FAÏENCE DE WEDGWOOD.
(Modèle de M. Rowland J. Morris.)

VASE DE LA MANUFACTURE DE M. ROSE, A COALPORT.

VASE DE MM. ARDANT, DE LIMOGES.

VASE A FOND JAUNE, ÉMAILLÉ SUR BISCUIT.

(Par M. Sichel.)

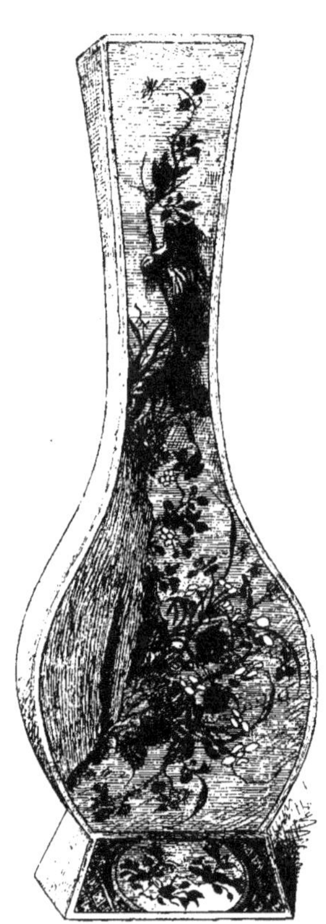

VASE A FOND JAUNE.

(Par M. Sichel.)

PLAT EN PORCELAINE, DÉCORÉ D'ÉMAUX EN RELIEF, PAR M. DECK.

COUPE, PAR M. JEAN POUYAT, DE LIMOGES.

PLAT EN FAÏENCE, PAR M. DECK.

VASE, PAR M. DECK.

VASE EN FAÏENCE DE MINTON, MODÈLE DE CARRIER-BELLEUSE.

CH. GOUTZWILLER.

GRAND PANNEAU EN FAÏENCE, PAR M. DECK.

CRISTAUX DE M. LOBMEYER, A VIENNE.

COFFRET DE CRISTAL MONTÉ EN ARGENT. (Cristalleries de Baccarat.)

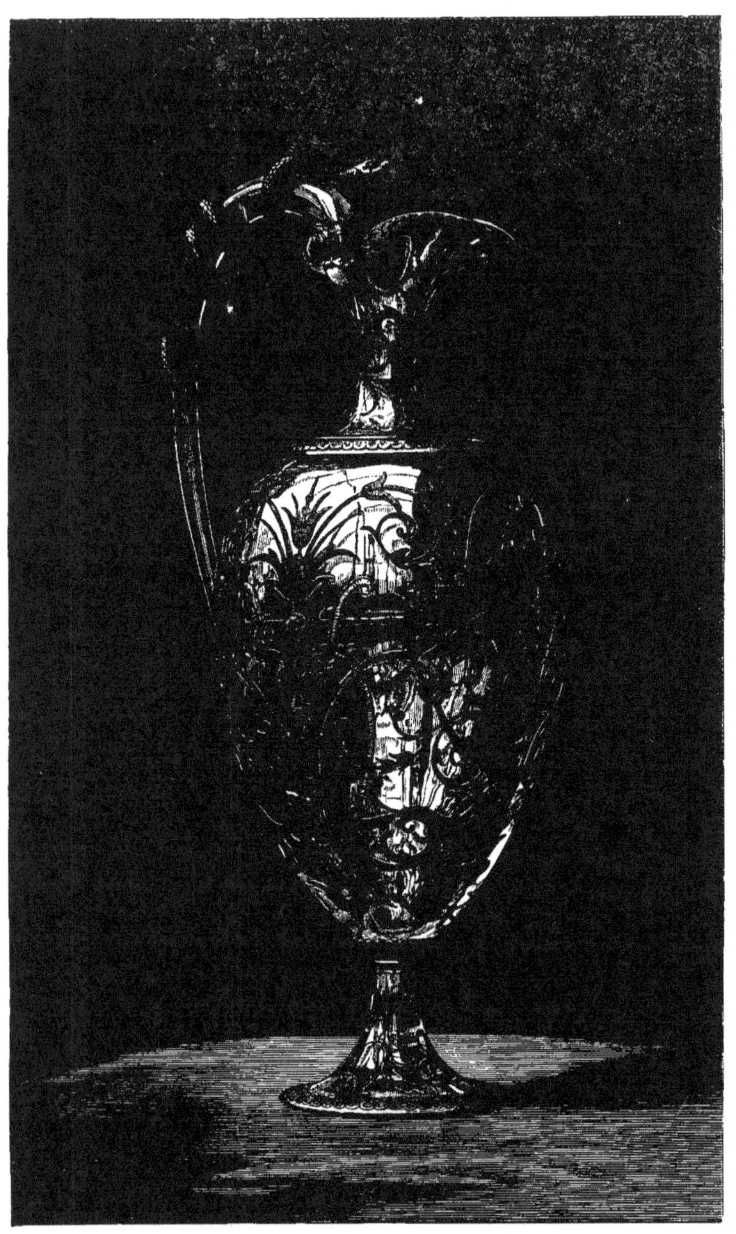

AIGUIÈRE DE CRISTAL DE ROCHE GARNIE D'ÉMAIL, PAR M. FROMENT-MEURICE.

CRISTAUX DE MM. PELLAT ET Cie.

CRISTAUX DE MM. DOBBSON ET PEARCE.

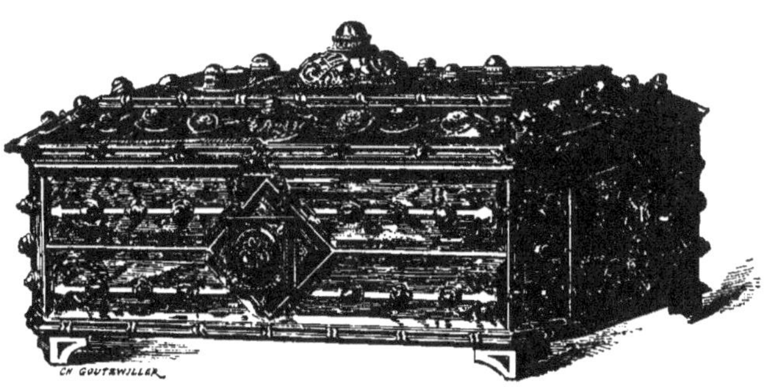

COFFRET EN CRISTAL, AVEC ORNEMENTS D'ÉMAIL TRANSLUCIDE, PAR M. FROMENT-MEURICE.

COFFRET-BONBONNIÈRE EN CRISTAL DE ROCHE, PAR M. BOUCHERON.

(Style oriental.)

DÉCOR D'ASSIETTE PAR M. BRACQUEMOND.

DESSINS ET MODÈLES

LES ARTS DU FEU

ORIENT

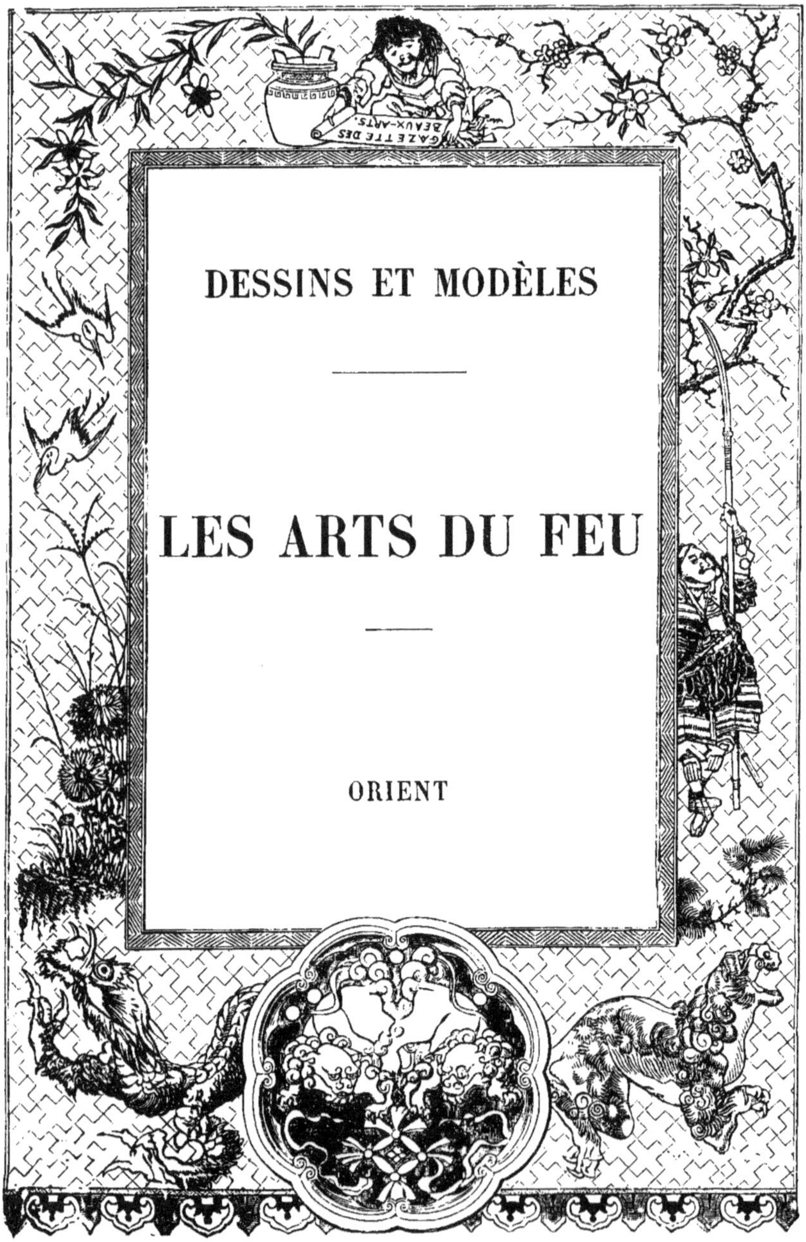

ENCADREMENT JAPONAIS COMPOSÉ AVEC DES MOTIFS DESSINÉS PAR HOKOUSAÏ.

16

VASE DE CHINE. (Collection de M. Ed. André.)

POTICHE JAPONAISE A DOUBLE PAROI, DITE RÉTICULÉE.

VASE EN CÉLADON A DÉCOR CLOISONNÉ. (Chine.)

VASE DU DISTRICT DE TCHING-LING. (Chine.)

VASE EN ÉMAIL CLOISONNÉ.

SOUCOUPE JAPONAISE DÉCORÉE SANS SYMÉTRIE.

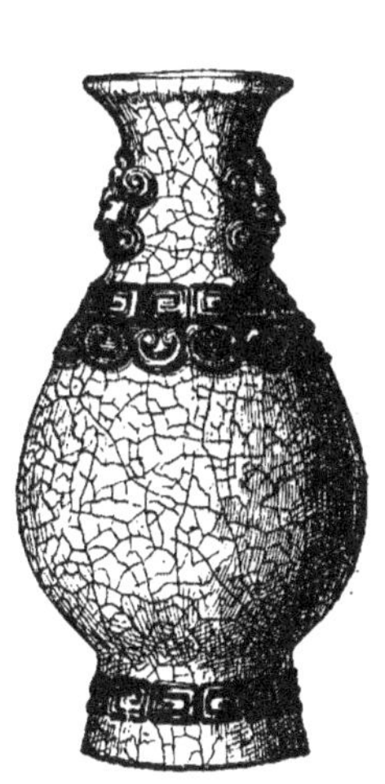

LAGÈNE EN CRAQUELLE.

VASE EN CÉLADON A RELIEFS, DU JAPON.

TASSE-GOBELET EN PORCELAINE LAQUÉE BURGAUTÉE.

GRAND PLAT EN PORCELAINE DE CHINE A FOND ROUGE VEINÉ.

(Collection de M. A. Pannier.)

TASSE EN FLEUR D'HIBISCUS AVEC FOND EN MOSAÏQUE.

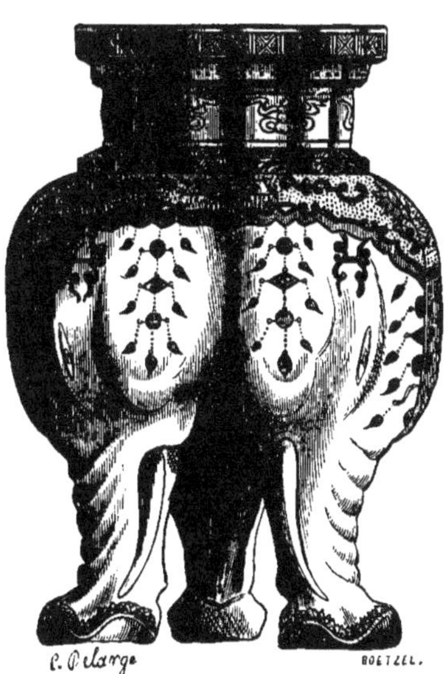

TING EN PORCELAINE DE CHINE.

(Collection de M. Taigny.)

POTICHE EN PORCELAINE DE CHINE.

(Musée de Sèvres.)

CARPE EN FAÏENCE DE TOKIO.

(Collection de M. Bing.)

TASSE FIGURATIVE EN FLEUR DE NELUMBO.

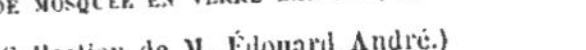

LAMPES DE MOSQUÉE EN VERRE ÉMAILLÉ; XIVᵉ SIÈCLE.

(Collection de M. Édouard André.)

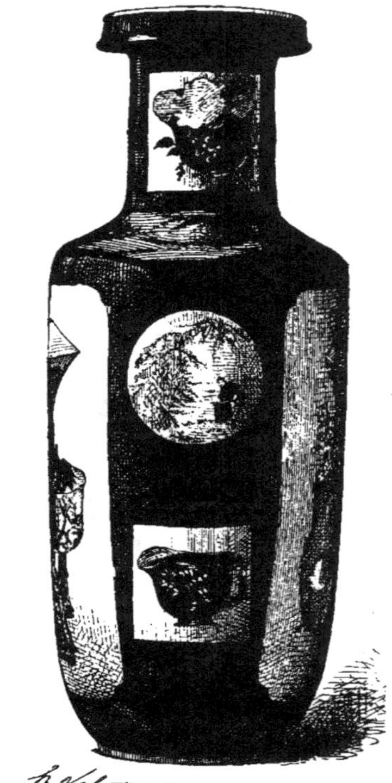
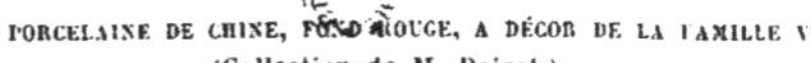

VASE EN PORCELAINE DE CHINE, FOND ROUGE, A DÉCOR DE LA FAMILLE VERTE.
(Collection de M. Poiret.)

THÉIÈRE EN GRÈS DE BIZEN.

VASE D'APPLIQUE EN POTERIE ÉMAILLÉE D'AWATA ; CHINE.

(Collection de M. Bing.)

OISEAU IMPÉRIAL, GRÈS DE BIZEN.

DÉCOR D'UN VASE CHINOIS.

BRULE-PARFUMS EN GRÈS ÉMAILLÉ.

BOUTEILLE QUADRANGULAIRE EN PORCELAINE DE CHINE, FOND BLANC.

(Collection de M. Ph. Burty.)

ONTAINE EN PORCELAINE CHINOISE BLEU CÉLESTE.

(Collection de Marie-Antoinette. — Musée du Louvre.)

VASE EN FAÏENCE DU JAPON.

LAGÈNE SOUFFLÉE DE VEINULES FORMANT JASPURE.

VASE DE STYLE JAPONAIS.

RÉCIPIENT DE NARGHILÉ EN PORCELAINE DE PERSE.

(Collection Dutuit.)

CAFETIÈRE PERSANE.

VASE EN PORCELAINE DE CHINE.

STATUETTE DE CONFUCIUS EN GRÈS DE SATZUMA

GROUPE EN GRÈS DE TAKATORI. — JAPON.

(Collection de M. Bing.)

PLAQUE DE REVÊTEMENT; FAÏENCE DE PERSE.

SURAHÉ EN FAÏENCE DE PERSE.

BOUTEILLE EN PORCELAINE DE PERSE.

GUERRIER, GRÈS CÉLADONÉ DE BIZEN

TABLE DES MATIÈRES

TABLE DES GRAVURES

AIGUIÈRES. — BUIRES

ASSIETTES

CAFETIÈRES. — THÉIÈRES

COFFRETS

BOUTEILLES. — CANETTES. — CRUCHES. — GOURDES

COUPES

DESSINS ET CROQUIS

ENCADREMENTS

FONTAINES

GROUPES. — STATUETTES. — BAS-RELIEFS

JARDINIÈRES

PANNEAUX. — PLAQUES

PLATS. — PLATEAUX

SALIÈRES

SOUPIÈRES

VERRERIE. — CRISTALLERIE

DIVERS

Bordeaux. — Imp. G. Gounouilhou, rue Guiraude, 11.